VENTE

du Mercredi 22 Décembre 1909

HÔTEL DROUOT, SALLE N° 9

A DEUX HEURES

TABLEAUX MODERNES

AQUARELLES, PASTELS, etc.

PAR DIVERS

ET

46 DESSINS ET AQUARELLES

par CONSTANTIN GUYS

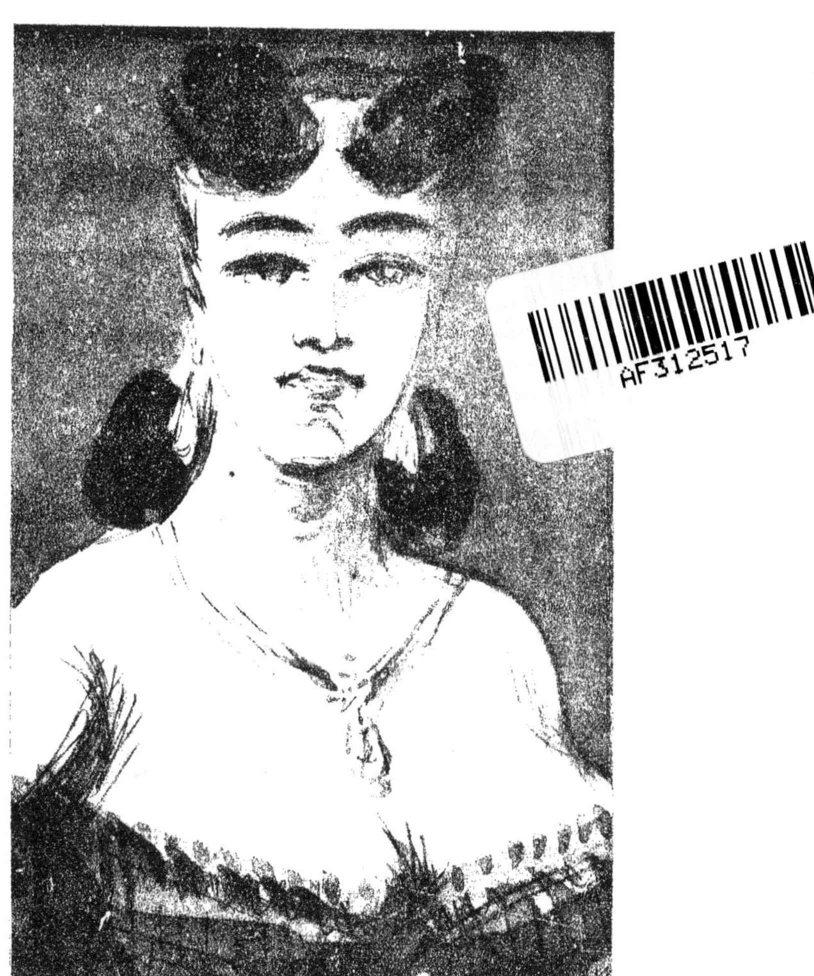

N° 123

Mᵉ Gaston FRANÇOIS	M. G. CAMENTRON
COMMISSAIRE-PRISEUR	EXPERT PRÈS LES DOUANES FRANÇAISES
23, Rue Le Peletier, 23	43, Rue Laffitte, 43

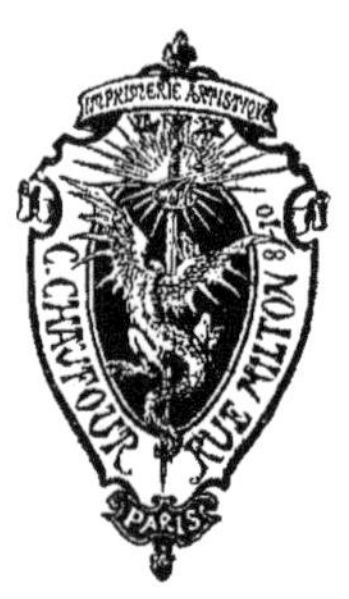

CATALOGUE

DES

TABLEAUX

PAR

Corot, Delpy, Duvieu
Guilloux, Japy, Lépine, Mouillard, etc.

AQUARELLES - PASTELS - DESSINS

PAR

Abbema, Caran d'Ache
Delacroix, Detaille, Fantin-Latour, Millet,
Puvis de Chavannes, Robida, Sem, Somm, etc.

---

46 AQUARELLES ET DESSINS

PAR

Constantin GUYS

DONT LA VENTE AURA LIEU

HOTEL DROUOT — SALLE N° 9

Le Mercredi 22 Décembre 1909

A 2 HEURES

Mᵉ Gaston FRANÇOIS
COMMISSAIRE-PRISEUR
23, Rue Le Peletier, 23

M. G. CAMENTRON
EXPERT PRÈS LES DOUANES FRANÇAISES
43, Rue Laffitte, 43

EXPOSITION PUBLIQUE

Le Mardi 21 Décembre 1909, de 2 heures à 6 heures

CONDITIONS DE LA VENTE

———

La vente sera faite au comptant.

Les adjudicataires paieront *dix pour cent* en sus des enchères.

Il ne sera admis aucune réclamation une fois l'adjudication prononcée.

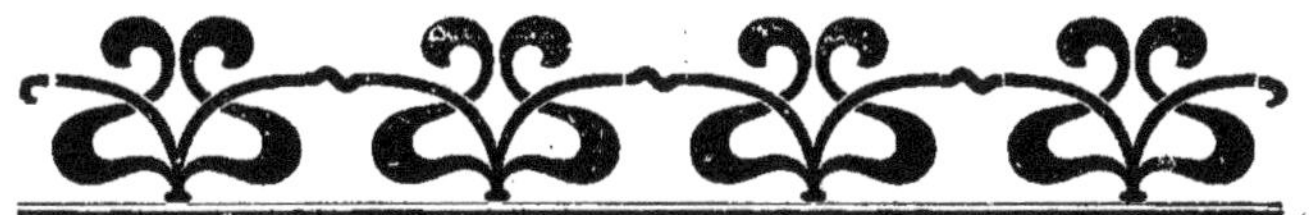

DESIGNATION

TABLEAUX

BALMIER

1 — Paysage boisé.

Larg. : 0ᵐ42. Haut. : 0ᵐ27.

BARON

2 — Jeune femme dans un paysage.

Larg. : 0ᵐ40. Haut. : 0ᵐ32.

BARRIER (G.)

3 — Panneau.

Larg. : 0ᵐ33. Haut, 0ᵐ24.

BEERS (Jean Van)

4 — Fêtard.

Larg. : 0ᵐ38. Haut. : 0ᵐ28.

BERCHÈRE

5 — Caravane en Afrique.

Larg. : 0ᵐ20. Haut. : 0ᵐ38.

BERTIN (Jean-Victor)

6 — Chasseur se reposant à l'orée d'un bois.

Panneau.

Larg. : 0^m44. Haut. : 0^m52.

CHÉNARD-HUCHÉ

7 — Brume grise dans un port.

Larg. : 0^m71. Haut. : 0^m85.

CHÉNARD-HUCHÉ

8 — Brume d'hiver en Zélande.

Larg. : 0^m55. Haut. : 0^m63.

CHÉNARD-HUCHÉ

9 — Un Port en Hollande.

Larg. : 0^m50. Haut. 0^m52.

CHIFFONNY

10 — Paysage.

Larg. : 0^m38. Haut. 0^m63.

CLARCK (Albert)

11 — Cheval gris pommelé.

Larg. : 0^m39. Haut. : 0^m49.

COLETTE (1865)

12 — Le Charretier.

Larg. : 0^m59. Haut. : 0^m44.

CONDAMINE (Henry)

13 — Tête de jeune femme

Panneau.

Larg. : 0^m44. Haut. : 0^m32.

COROT

14 — Etude d'arbres (forêt de Fontainebleau).

Cachet de la vente Corot.

Larg. : 1ᵐ. Haut. : 0ᵐ81.

DARCY

15 — Intérieur de ferme.

Larg. : 0ᵐ25. Haut : 0ᵐ33.

DELPY (H.-C.)

16 — Paysage.

Larg. : 0ᵐ75. Haut. : 0ᵐ57.

DUVIEU

17 — Vue de Venise.

FRÈRE (Th.)

18 — Paysage.

GAGLIARDINI

19 — Pêcheurs sur la grève.

Larg. : 0ᵐ25. Haut. : 0ᵐ33 1/2.

GAIGHER

20 — Etude de femme.

Larg. : 0ᵐ93. Haut. : 0ᵐ71.

GAMBY

21 — La Plage à Houlgate.

Larg. : 0ᵐ41. Haut. : 0ᵐ27.

GITTARD (A.-C.)

22 — Clairière en forêt.

Larg. : 0ᵐ41. Haut. : 0ᵐ33.

GRAUCHI-TAYLOR

23 —. Intérieur breton.

Larg. : 0m72. Haut. : 0m60.

GUILLOUX (Charles)

24 — Lever de lune à la Frette.

Larg. : 0m32. Haut. : 0m24.

GUILLOUX (Charles)

25 — Coucher de soleil à Herblay.

Larg. : 0m33. Haut. : 0m43.

HERVÉ (Ch.)

26 — Paysage.

Larg. : 0m50. Haut. : 0m65.

IWILL (M.-J.)

27 — Paysage.

Larg. : 0m48. Haut. : 0m34.

JAPY (L.)

28 — Paysage.

Larg. : 0m38. Haut. : 0m46.

LADEVÈZE

29 — Corbeille de fleurs.

LAMBERT

30 — Tête de chien.

Larg. : 0m27. Haut. : 0m21.

LAUR

31 — Trois chats sur un coussin.

Larg. : 0m63. Haut. : 0m52.

LAUR

32 — Chatte et ses petits sur un bureau.

Larg. : 0m63. Haut. : 0m52.

LAURI (G.)

33 — Coin du Vieux Montmartre (Matin d'été).

Larg. : 1m90. Haut. : 1m20.

LAURI (G.)

34 — Vaches au repos.

Larg. : 0m73. Haut. : 0m65.

LAURI (G.)

35 — Vieux Montmartre.

Larg. : 0m73. Haut. 0m65.

LAURI (G.)

36 — Vieux Montmartre.

Larg. : 0m45. Haut. : 0m57.

LEGOUT (Gérard)

37 — Soleil couchant.

Larg. : 0m53. Haut. : 0m57.

LENFANT DE METZ

38 — Femme orientale couchée.

Larg. : 0m32. Haut. : 0m41.

LENFANT DE METZ

39 — Pendant du précédent.

Larg. : 0m27. Haut. : 0m35.

LÉPINE

40 — Paysage.

Panneau.

Larg. : 0m14. Haut. : 0m23.

LHUER

41 — Le Repos.

Larg. : 0m54. Haut. : 0m46.

LINDER (Ph.-J.)

42 — Portrait de femme.

Larg. : 0m16. Haut. : 0m12.

MOUILLARD (L.)

43 — Le Colonel du Premier Grenadier de la G. I. déchire son drapeau. Metz 1870.

Larg. : 1m25. Haut. : 0m90.

MOUILLARD (L.)

44 — Hussards et Dragons Louis XV au cabaret.

Larg. : 0m80. Haut. : 0m60.

M. D.

45 — Pêcheuses de crevettes.

Panneau

Larg. : 0m34. Hautt : 0m23.

NOIRÉ

46 — Le désert de Dara.

Larg. : 1m10. Haut : 0m25.

ORTÉGO

47 — Le Moine amoureux.

Larg. : 0m35. Haut. : 0m27.

ORTHMANS et RESCHIPENDALL (Attribué à)

48 — Vieille abbaye.

Larg. : 0m52. Haut. : 0m53.

PICABIA

49 — Paysage. Effet de neige.

Larg. : 0m57. Haut. : 0m49.

P.-M.

50 — Paysage animé.

Larg. : 0m27. Haut. : 0m40.

RAVANNE (Gustave)

51 — Barque de pêche à Cannes.

Larg. : 0m39. Haut. : 0m46.

REYNAUD

52 — Les Enfants au perroquet.

Larg. : 0m42. Haut. : 0m38.

REYNAUD

53 — Jeune Napolitaine.

Larg. : 0m37. Haut. : 0m22.

RIBOT

54 — Le partage des fruits.

Larg. : 0m46. Haut. : 0m56.

ROZIER (Jules)

55 — Ferme en Normandie.

Larg. : 0m22. Haut. : 0m41.

SAIN (Paul)

56 — Paysage.

Larg. : 0m34. Haut. : 0m24.

SWERDONG (Van)

57 — Moutons.

Larg. : 0m17. Haut. : 0m21.

SWERDONG (Van)

58 — Moutons.

Larg. : 0^m26. Haut. : 0^m36.

SOULL'ARD (Louis)

59 — Bords de la Rille, Lavoir abandonné.

Larg. : 0^m46. Haut. : 0^m61.

SOULL'ARD (Louis)

60 — La Plage de Veulettes.

Larg. : 0^m27. Haut. : 0^m41.

SOULL'ARD (Louis)

61 — Bords la Seine à Saint-Vandrille.

Larg. : 0^m16. Haut. : 0^m24.

SOULL'ARD (Louis)

62 — Plaine de la Charente à Château-Bernard.

Larg. : 0^m16. Haut. : 0^m24.

STEVENS

63 — Marine.

Larg.: 0^m42. Haut.: 0^m34.

TEN KATE (Jean)

64 — Paysage Suisse.

THIELLET

65 — Marine.

Larg.: 0^m20. Haut.: 0^m40.

TROYON (Genre)

66 — Paysage.

Larg.: 0^m38. Haut.: 0^m49.

VOGLER

67 — Le boulevard Rochechouart. Effet de neige.

Larg.: 0m42. Haut.: 0m33.

WALKER

68 — Chasseur d'Afrique.

Larg : 0m25. Haut. : 0m22.

WALKER

69 — Dragon de la Garde Impériale.

Larg.: 0m25. Haut. 0m22.

W.-O.

70 — Marché en Normandie.

Larg. : 0m41. Haut.: 0m33.

INCONNU

71 — Coq et poules.

Larg. : 0m24. Haut. : 0m20.

INCONNU

72 — Muletiers dans la montagne.

Larg. : 0m58. Haut. : 0m71.

INCONNU (Ecole 1830)

73 — Paysage animé.

Panneau.

Larg. : 0m55. Haut. : 0m41.

INCONNU

74 — Paysage.

Larg. : 0m14. Haut. : 0m22.

INCONNU

75 — Dessus de porte : Danaé.

Larg.: 0m53. Haut. : 1m04.

INCONNU

76 — Paysage : La Grotte.

Larg. : 0m40. Haut. : 0m30.

INCONNU

77 — La Vierge et l'Enfant.

INCONNU (Ecole de 1830)

78 — La Rentrée du troupeau.

Larg.: 0m29. Haut. : 0m24.

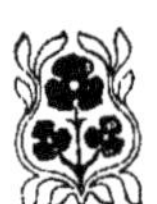

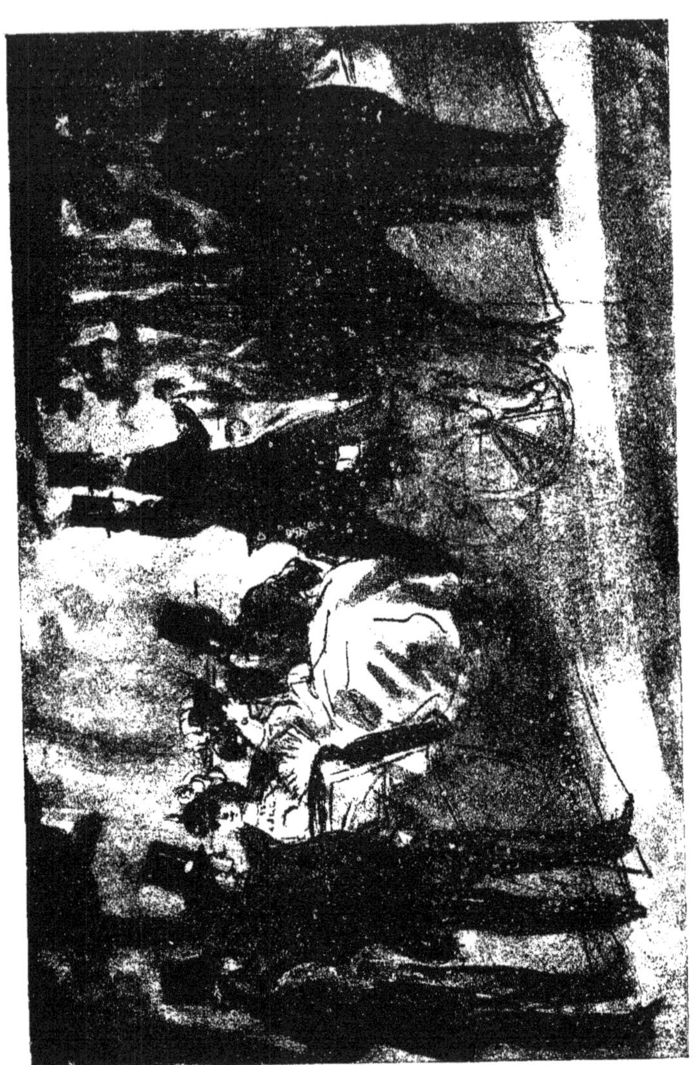

Nº 82

AQUARELLES

ANDRIEUX

79 — Le Marché à Quimperlé.

Larg. : 0m20. Haut. : 0m26.

BERTAUX

80 — Le Départ pour la procession.

Larg. : 0m70. Haut. : 0m48.

FAUX (Eugénie)

81 — Fleurs.

Larg. : 1m05. Haut. : 0m70.

GUYS (Constantin)

82 — Un Monsieur et deux Dames causent avec deux Messieurs.

Larg. : 0m16. Haut. : 0m26.

GUYS (Constantin)

83 — Attelage à quatre.

Larg. : 0m15. Haut. 0m20.

GUYS (Constantin)

84 — Sortie de bal masqué.

Larg. : 0m21. Haut. : 0m17.

GUYS (Constantin)

85 — Le Carrosse de l'Empereur.

Larg. : 0m13. Haut. : 0m22.

GUYS (Constantin)

86 — Au bois.

Larg. : 0ᵐ18. Haut. : 0ᵐ22.

GUYS (Constantin)

87 — Officiers de la Garde Impériale.

Larg. : 0ᵐ20. Haut. : 0ᵐ27.

GUYS (Constantin)

88 — La Promenade, deux dames dans une victoria attelée à la Daumont, à droite au premier plan cavalier et amazone.

Larg. : 0ᵐ19. Haut : 0ᵐ32.

NAVELET (J.)

89 — Aquarelle gouachée : Journée de fête.

Larg. : 0ᵐ29. Haut. : 0ᵐ46.

SOMM (Henry)

90 — La Femme à l'éventail.

Larg. : 0ᵐ19. Haut. : 0ᵐ27.

INCONNU

91 — Deux aquarelles dans deux cadres.

PASTELS

ABBÉMA (Louise)

92 — Colombine.

BOLDINI

93 — Jeune femme rousse en décolleté.

Larg. : 0ᵐ45; Haut.: 0ᵐ35.

LAURI (G.)

94 — Tête de femme.

Larg. : 0ᵐ75; Haut.: 0ᵐ60.

LAURI (G.)

95 — Tête de femme.

Larg.: 0ᵐ75; Haut. : 0ᵐ55.

PISSARO

96 — Trois femmes devisant devant une meule de foin.

Larg.; 0ᵐ48; Haut.: 0ᵐ64.

STEVENS

97 — Marine.

Larg. : 0ᵐ33; Haut. : 0ᵐ24.

ÉCOLE FRANÇAISE XVIIIᵉ SIÈCLE

98 — Tête de femme.

Fusain rehaussé de pastel.

Larg. : 0ᵐ27; Haut. : 0ᵐ21.

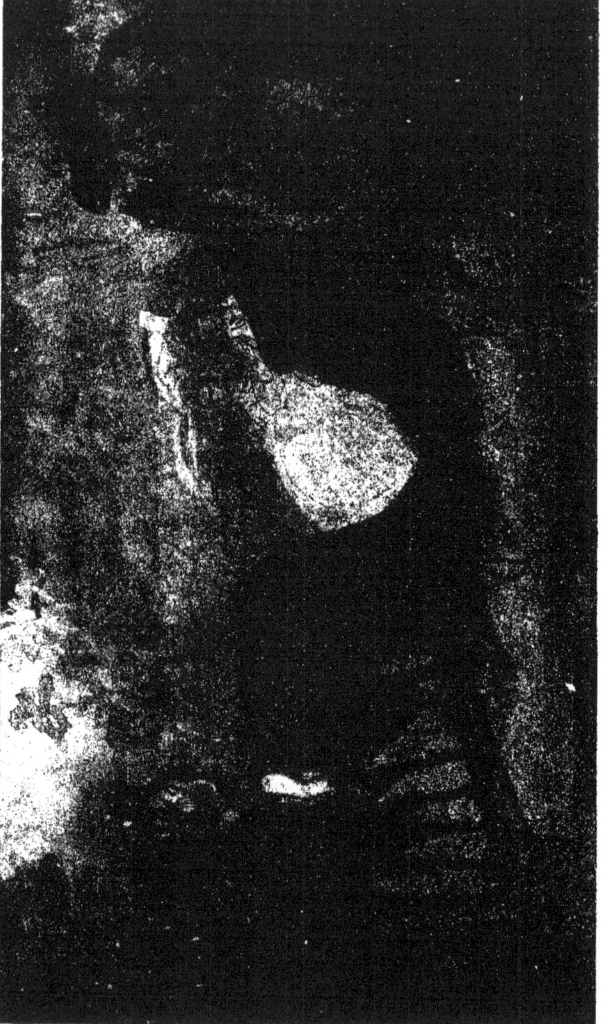

№ 83

DESSINS

BALURIAU

99 — Le Vestiaire.

Larg. : 0^m36 ; Haut. : 0^m21.

100 — Le Retour de la Noce.

Larg. : 0^m37 1/2 ; Haut. : 0^m21 1/2.

101 — Le Retour de la Moisson.

Larg. : 0^m37 ; Haut. : 0^m26 1/2.

102 — La Promenade dans le Parc.

Larg. : 0^m37 ; Haut. : 0^m26 1 2.

103 — Le Deshabillé des Modèles.

Larg. : 0^m43 ; Haut. : 0^m28.

Dessins en couleur.

BARTOLOZZI

104 — Nymphes au bain.

Sanguine.

BOUDIN

105 — La Plage de Trouville.

CARAN D'ACHE

106 — Militaires époque Empire et Restauration.

CARRIER-BELLEUSE

107 — Deux dessins.

Larg. : 0^m19 ; Haut. : 0^m42.

CHAVANNES (Puvis de)

108 — Portrait d'Apôtre.

Larg. : 0^m29; Haut.: 0^m19.

COUTURIER

109 — Dreyfus protestant au procès de Rennes.

Larg. : 0^m23; Haut. : 0^m15.

Croquis d'audience.

DELACROIX
(D'après Michel Ange)

110 — Portrait de Mons Biggio, maître de cérémonie qui figure dans le Jugement dernier.

Larg. : 0^m23; Haut. : 0^m16.

Cachet de la vente.

DETAILLE (E.)

111 — Cheval et son cavalier; de l'autre côté, Soldats prussiens.

Larg. : 0^m13; Haut.: 0^m17.

Dessin rehaussé d'aquarelle.

FANTIN-LATOUR

112 — Portrait de femme assise.

Larg. : 0^m32; Haut. : 0^m24.

FANTIN-LATOUR

113 — Hylas.

Larg. : 0^m30; Haut. : 0^m24.

GIRAUD

114 — Dix dessins aquarellés.

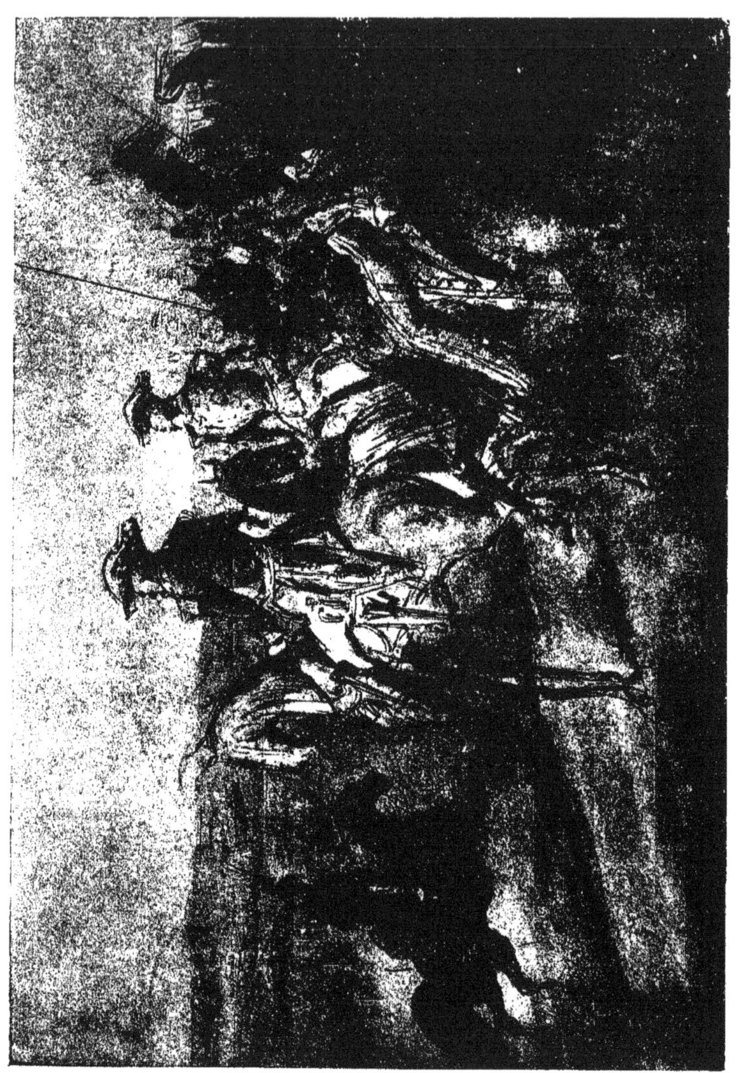

No 141

GUYS (Constantin)

115 — Jeune Lorette.

Larg. : 0^m21; Haut. : 0^m15.

GUYS (Constantin)

116 — Deux jeunes femmes causant avec un jeune homme.

Larg. : 0^m28; Haut. : 0^m19.

GUYS (Constantin)

117 — Le Défilé pour le choix.

Larg. : 0^m14; Haut. : 0^m22.

GUYS (Constantin)

118 — Les Chanteuses.

Larg. 0^m22; Haut. : 0^m30.

GUYS (Constantin)

119 — Une Rue à Alger.

Larg.: 0^m19; Haut. : 0^m26.

GUYS (Constantin)

120 — Soldats en conversation avec des femmes dans une maison close.

Larg. : 0,21 ; Haut. : 0.30.

GUYS (Constantin)

121 — Au Mexique.

Larg. : 0^m15; Haut. : 0^m23.

GUYS (Constantin)

122 — Le Prince Impérial chevauchant aux côtés de ses troupes.

Larg. : 0^m15; Haut. : 0^m22.

GUYS (Constantin)

123 — Jeune femme en décolleté.

Larg. : 0^{m}14; Haut. : 0^{m}09.

GUYS (Constantin)

124 — Un Marchand de plantes vertes à Alger.

Larg. : 0^{m}14; . Haut: 0^{m}20.

GUYS (Constantin)

125 — Le Tambour-major.

Larg. : 0^{m}18; Haut. : 0^{m}18.

GUYS (Constantin)

126 — La Voiture de l'archevêque de Paris.

Larg. : 0^{m}12; Haut. : 0^{m}18.

GUYS (Constantin)

127 — Le Prince Impérial.

Larg. : 0^{m}13; Haut. : 0^{m}22.

GUYS (Constantin)

128 — Voiture attelée à la Daumont attendant devant une porte.

Larg. : 0^{m}14; Haut. 0^{m}27.

GUYS (Constantin)

129 — Officiers.

Larg. : 0^{m}17; Haut. : 0^{m}14.

GUYS (Constantin)

130 — Le Bal Musard.

Larg.: 0^{m}19; Haut. : 0^{m}19.

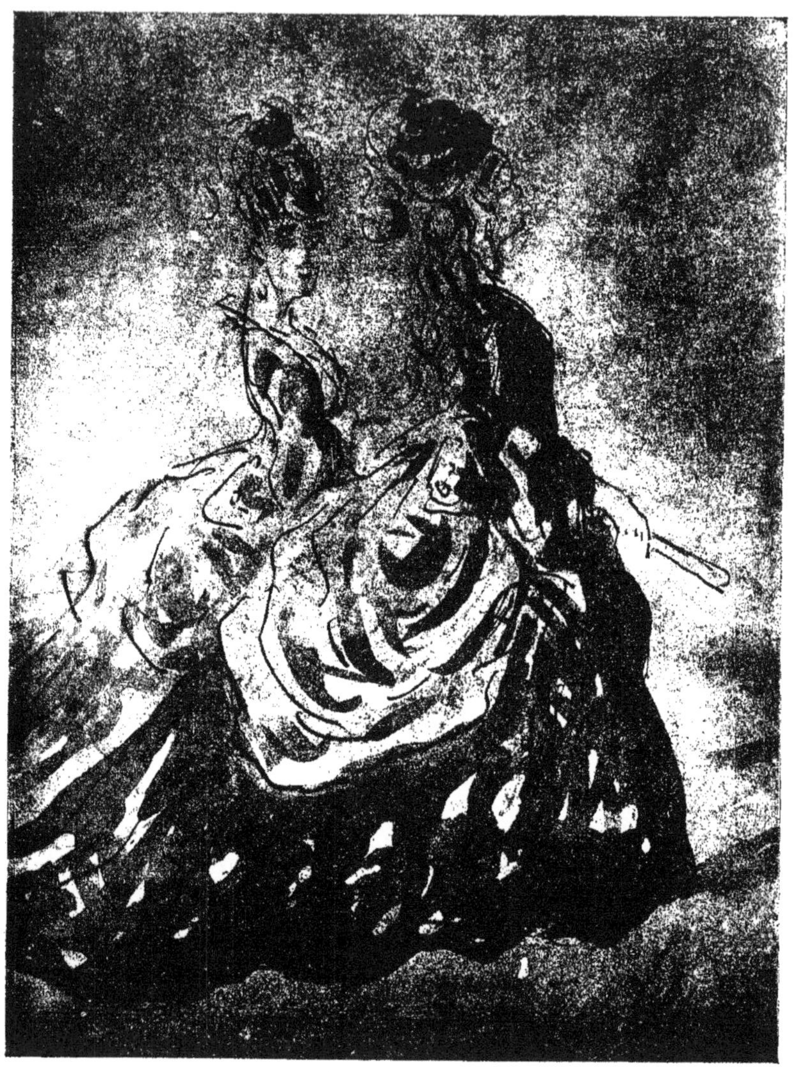

Nº 144

GUYS (Constantin)

131 — Paysans mexicains.

Larg. : 0^m20; Haut : 0^m22.

GUYS (Constantin)

132 — Deux dames dans une victoria attelée de deux chevaux.

Larg.: 0^m18; Haut. : 0^m22.

GUYS (Constantin)

133 — Moines mexicains.

Larg. : 0^m16: Haut. : 0^m23.

GUYS (Constantin)

134 — La Contemplation.

Larg. : 0^m20; Haut.: 0^m17.

GUYS (Constantin)

135 — Officiers et soldats.

Larg. : 0^m18; Haut.: 0^m26.

GUYS (Constantin)

136 — Officiers de marine conversant.

Larg : 0^m13. Haut.: 0^m18.

GUYS (Constantin)

137 — Voiture attelée de deux chevaux.

Larg.: 0^m12. Haut.: 0^m15.

GUYS (Constantin)

138 — Elèves de Polytechnique.

Larg.: 0^m13. Haut.: 0^m18.

GUYS (Constantin)

139 — Soirée aux Tuileries.

Larg.: o^m15. Haut.: o^m22.

GUYS (Constantin)

140 — L'Escorte de l'Empereur.

Larg.: o^m18. Haut : o^m25.

GUYS (Constantin)

141 — L'Empereur et son état-major assistant à la revue.

Larg.: o^m16. Haut.: o^m25.

GUYS (Constantin)

142 — Au Bal Musard.

Larg, o^m14. Haut.: o^m24.

GUYS (Constantin)

143 — L'Empereur et son état-major.

Larg.: o^m12. Haut.: o^m24.

GUYS (Constantin)

144 — Deux jeunes femmes se promenant.

Larg.: o^m18. Haut.: o^m12.

GUYS (Constantin)

145 — En soirée.

Larg.: o^m16. Haut.: o^m20.

GUYS (Constantin)

146 — Chez Musard.

Larg. o^m20. Haut.: o^m25.

GUYS (Constantin)

447 — Danseurs et Danseuses au cirque.

Larg.: 0ᵐ17. Haut.: 0ᵐ18.

GUYS (Constantin)

148 — La Promenade.

Larg.: 0ᵐ11. Haut.: 0ᵐ13.

GUYS (Constantin)

149 — Au Music-Hall.

Larg. 0ᵐ18. Haut.: 0ᵐ22.

GUYS (Constantin)

450 — Sur le lac de Constance.

Larg.: 0ᵐ15. Haut.: 0ᵐ22.

GUYS (Constantin)

151 — La Promenade.

Larg.: 0ᵐ18. Haut.: 0ᵐ19.

GUYS (Constantin)

152 — Le Boulevard des Italiens.

Larg.: 0ᵐ19. Haut.: 0ᵐ25.

GUYS (Constantin)

153 — Intérieur de maison hospitalière.

Dessin rehaussé d'aquarelle.

Larg.: 0ᵐ15. Haut.: 0ᵐ24.

LAMI (Eug.)

154 — Palestro.

Larg.: 0ᵐ22. Haut.: 0ᵐ35.

LAURI (G.)

155 — Enfant égare.

Dessin en couleur.

Larg.: 0ᵐ80. Haut.: 0ᵐ71.

LELOIR

156 — Trois croquis dans un même cadre.

MANET (E.)

157 — Crayon, gouache et encre de Chine.

Cachet de la vente Manet.

Larg.: 0m18. Haut.: 0m12.

MANET (E.)

158 — Fête chez Murcie.

Larg.: 0m20. Haut.: 0m26.

MILLET

159 — Paysanne donnant à manger aux poules.

Cachet de la vente J. F. M.

MORSTADT (Mlle)

160 — Animaux.

Dessin colorié.

Larg.; 0m51. Haut.: 0m37.

PARYS (Louise Van)

161 — Attachée par l'Amour.

Sanguine.

PARYS (Louise Van)

162 — Deux têtes de Parisiennes.

Dessin à la plume.

PARYS (Louise Van)

163 — Tête de jeune fille.

Dessin au crayon.

PARYS (Louise Van)

164 — Tête de Parisienne.

Dessin à la plume et sépia.

PISSARRO (C.)

165 — Deux jeunes paysannes causant.

Larg.: 0m35. Haut.: 0m28.

PISSARRO (C.)

166 — Jeune paysanne.

Larg.: 0m28. Haut.: 0m18.

ROBIDA

167 — Deux dessins en un même cadre.

Larg.: 0m12. Haut.: 0m19.
Larg.: 0m13. Haut : 0m20.

SEM

168 — Cinq croquis d'Arthur Meyer.

Larg.: 0m20. Haut.: 0m15.

WIDOLO (M.)

169 — Le Dimanche à la sortie de la messe.

WIDOLO (M.)

170 — Grande Revue sur la Place d'Armes du village.

ÉCOLE FRANÇAISE XVIIIe SIÈCLE

171 — Portrait d'homme.

Larg.: 0m22. Haut.: 0m19.

ÉCOLE FRANÇAISE XVIIIe SIÈCLE

172 — Portrait de femme aux trois crayons.

Larg.: 0m25. Haut.: 0m17.

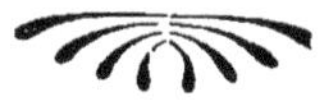

GRAVURES, EAUX-FORTES
LITHOGRAPHIES

BONVIN

173 — Au couvent.

Eau-forte.

Larg.: 0^m21. Haut.: 0^m33.

GREISSAMER (A.)

174 — Portrait de Trouillebert.

Lithographie.

Larg.: 0^m60. Haut.: 0^m40.

LAMI (Eug.)

175 — Eventail, au cirque.

Reproduction.

RAFFET

176 — Portrait du monarque.

Lithographie.

Larg.: 0^m36. Haut.: 0^m26.

TURNER (C.)

177 — Portrait de Stephenson.

Gravure.

Larg.: 0^m36. Haut.: 0^m30.

X

178 — La Justice protège les Arts.

Gravure tirée en bistre d'après Cochin.

Larg,: 0^m37. Haut. 0^m22.

179 — Environ vingt pièces, tableaux et dessins.

Seront divisées.